La Colonisation

de

Philippeville à Constantine

par

M. le Dr Louis Boucher

Rouen

Imprimerie de Espérance Cagniard

Rues Jeanne-Darc, 88, et des Basnage, 5

—

1886

La Colonisation

de

Philippeville à Constantine

par

M. le Dr Louis Boucher

Rouen

Imprimerie de Espérance Cagniard

Rues Jeanne-Darc, 88, et des Basnage, 5

1886

Extrait du Bulletin de la Société normande de Géographie

(Cahier de Novembre-Décembre 1886)

LA COLONISATION DE PHILIPPEVILLE A CONSTANTINE

Par M. le Dr Louis BOUCHER

Mesdames, Messieurs,

N'ayant passé à différentes reprises qu'un temps très court en Algérie, je dois vous déclarer, au début de ce travail, que toutes les appréciations qui s'y trouvent ne sont que le résumé de conversations avec des colons ou des fonctionnaires qui avaient longuement séjourné dans le pays.

Si j'ai choisi plutôt le trajet de Philippeville à Constantine, c'est que j'avais le plus de relations et de renseignements dans cette zone ; d'ailleurs, la plupart des considérations qui vont suivre s'appliquent à toute l'Algérie. Le récit de mon voyage ne tient qu'une petite place dans cette étude, il en constituera si vous le voulez le côté « impressionniste », et comme il n'est pas sans importance pour le Français qui s'embarque, nous commencerons par lui.

Quand pour la première fois, au quai de la Joliette, à Marseille, on met le pied sur un des bateaux de la compagnie transatlantique, qui doit vous transporter en Algérie, on éprouve une vive émotion. D'abord une traversée de trente-six heures n'est pas absolument insignifiante, il y a toujours, même pour les plus vaillants, une légère inquiétude sur la façon dont on supportera ce trajet, et puis, les souvenirs classiques aidant, on évoque volontiers les drames historiques lointains, qui se rattachent à cette terre d'Afrique et que, dans notre amour-propre patriotique, nous aimons à comparer avec les brillants épisodes d'une conquête tenant une si large place parmi nos gloires nationales.

Le 21 août 1883, à cinq heures du soir, la Méditerranée étant unie comme un lac, une mer d'huile, au dire des Marseillais, nous sortons lentement du port en longeant les quais où une population bariolée et bruyante

est occupée à charger ou décharger des marchandises qui viennent de tous
les coins du monde. Les dômes brillants et les clochers byzantins de la
nouvelle cathédrale impriment un cachet oriental à la vieille ville, bâtie sur
l'emplacement de la cité grecque. En ce moment, les ruelles innombrables
sont remplies d'une foule laborieuse et active, ou misérable, sordide et
paresseuse d'ouvriers et de petits commerçants; parmi les bouges obscurs,
le vice côtoie porte à porte d'honnêtes ménages d'artisans, chez lesquels
règnent l'ordre et l'économie. Dans ce pays du Soleil, la plus grande activité
du peuple s'est concentrée à l'ombre d'un quartier qui s'écroule de vétusté
et d'humidité. A mesure que nous nous éloignons sur la droite, le nouveau
Marseille monte à l'horizon, avec ses grandes rues rectilignes, ses allées régu-
lièrement plantées d'arbres, ses hautes maisons à plusieurs étages, le château
du Pharo; puis, les arrière plans se découvrent au bout de quelques temps,
le regard embrasse les montagnes lointaines et les côtes découpées de la
Provence, pendant qu'auprès de nous la statue colossale de Notre-Dame-de-
la-Garde domine longtemps encore les rochers massifs de la Corniche.
Enfin, la ville ne forme plus qu'une masse blanche confuse qui reluit aux
derniers rayons du soleil. Voici le château d'If aux lugubres souvenirs, le
Frioul où les vaisseaux venant d'Alexandrie subissent actuellement de
sévères quarantaines. D'énormes marsouins luttent de vitesse avec nous; à
chaque instant leurs dos arrondis s'élèvent au milieu du blanc sillage d'é-
cume que laisse notre hélice. Le marsouin est le grand ami du voyageur
pour lequel il constitue une trêve momentanée à la monotonie de ce grand
cercle bleu qui vous entoure de toutes parts dès que la terre est hors de vue.
Le moindre bâteau-pêcheur dont la voile blanche s'incline au loin, un
panache de fumée, indice d'un steamer qui passe à une certaine distance,
attirent tous les yeux et toutes les conversations. Les distractions sont si rares
à bord. Les phares qui s'allument sur la côte se confondent déjà avec les
premières étoiles du soir; la lune apparaît lentement au-dessus des flots,
tandis que le soleil, s'entourant d'une large auréole rouge, semble se plonger
en sens opposé dans l'immensité de la nappe liquide, sur laquelle il projette
comme une dernière traînée de feu. Ce splendide spectacle est bien certaine-
ment de nature à enthousiasmer l'émigrant qui part pour ce pays inconnu
où il espère trouver la fortune et le bonheur. Parfois cependant, au sortir
d'un si grand calme, il est très désagréablement surpris le lendemain de
rencontrer une mer orageuse, car on ne peut préjuger de la traversée avant
d'avoir passé les Baléares. Nous fûmes favorisés, le beau fixe se maintint,

et après une journée pendant laquelle on mange quand on le peut, on cause, on fume et on se promène pour passer le temps, quand le roulis ne vous force pas à garder sur les hamacs la position horizontale, nous arrivons vers quatre heures de la nuit à Philippeville, le port de Constantine. Cette ville de 15,000 habitants environ est agréablement située entre deux collines, portant chacune un hôpital ; l'hôpital civil et l'hôpital militaire, très grands tous les deux, car malgré le riant aspect de la contrée, la fièvre intermittente frappe presque tous les Européens. Une belle rue, avec des arcades, permettant la circulation par la plus forte chaleur du jour, s'étend d'un bout à l'autre de la cité dans laquelle on n'a ménagé ni l'air ni l'espace. Il n'est guère de ville du Midi dont l'aspect soit plus coquet que celle-ci ; à droite et à gauche, de vastes magasins vous donneraient cette illusion que l'on n'a point quitté la France, si à chaque instant la présence des indigènes ne vous la faisait perdre. Voici des groupes de grands gaillards, dont les jambes et les bras noirs sortent d'une ample chemise de coton qu'ils appellent la « gandourah », quelques-uns paraissent se draper avec une certaine fierté dans leurs loques malpropres, ce sont les Kabiles, les travailleurs du pays. Un riche arabe passe soigneusement habillé, il n'a guère de notre civilisation que les bas de coton blanc qui descendent de son large pantalon bouffant. Quand il entr'ouvre dans la marche son élégant burnous de laine et de soie blanche dont le capuchon est coquettement rejeté en arrière, il laisse voir sa poitrine couverte d'un petit gilet aux fines broderies. Ce costume constitue ce qu'il y a de plus hygiénique dans ce pays. Nos vêtements en drap de couleur sont trop absorbants de la chaleur et de plus taillés sur mesure, ils emprisonnent les membres et ne permettent pas autant la libre circulation de l'air. Sur la place décorée, on ne sait pourquoi, de la statue de Brennus, au lieu de celle d'un de nos vieux généraux morts à la conquête de cette terre d'Afrique, j'aperçois la première femme arabe, on dirait une religieuse vêtue de blanc dont un voile couvrirait le bas du visage. Deux yeux noirs très brillants avec des sourcils réunis en une seule ligne par un trait de henné ne permettent pas, même approximativement, de fixer un âge pour ce représentant du beau sexe. C'est là une mode que nos parisiennes ne copieront jamais. Des jeunes enfants, les Biskris, petits commissionnaires, brosseurs, mais surtout mendiants avec le fez rouge sur leurs têtes rasées, des spencers brodés, dans un état remarquable de malpropreté, accourent de tous côtés, pieds nus, pour tâcher d'obtenir quelque chose de l'étranger nouvellement débarqué. — Monsie, un petit sou. — Brosser monsie. — Cirer souliers à monsie. A-t-on le malheur de leur donner, ils deviennent légion et vous obsèdent.

A peine arrivé chez M. Grima, riche négociant à qui j'avais été recommandé, nous partions en voiture pour visiter une vaste propriété des environs. Les routes sont bordées de haies magnifiques de lantanas et de figuiers entourant des champs fertiles ; cette région paraît un sol privilégié où les fruits et les productions de toute nature sont remarquables par la quantité et la qualité. Les récoltes des pays septentrionaux se trouvent mêlées à celles du midi. Ici, des pommiers ont leurs branches tellement chargées qu'il faut les soutenir par de nombreux étais. Un peu plus loin, un bosquet d'orangers, puis des citronniers, des mandariniers, des bananiers dont les pesants régimes inclinent le petit arbuste. Quelques-uns de ces grands champs où l'on fait une abondante moisson de blé et de diverses céréales ont jusqu'à 15 ou 20 mètres de terre végétale , aussi, la location du terrain atteint le prix de 500 fr. l'hectare. Mais c'est surtout la vigne dont le développement est prodigieux. En voici de deux ans qui sont en plein rapport et toutes couvertes d'un gros raisin noir parfumé. La vendange est assez riche pour que le prix du vin, pris sur place, ne dépasse pas 25 à 28 fr. l'hectolitre. Des pyramides de melons sont là toutes prêtes à être expédiées sur Marseille. Dans le voisinage, la propriété *Landon,* rappelle, par la verdure de ses pelouses, la fertilité de ses plantes et de ses arbrisseaux, la fraîcheur des prairies normandes.

Mais ici même, que peut faire un émigrant, parti de France avec les plus louables intentions, commerçant, horloger, bijoutier, mécanicien, employé de fabrique, mineur, etc. ; sans ressources, il est réduit au métier de manœuvre et encore sans la certitude de trouver immédiatement de l'ouvrage! En lui supposant quelques petits capitaux, il pourra créer la même industrie qu'il exerçait. L'horloger et le bijoutier, par exemple, courront les mêmes risques que partout ailleurs dans nos divers départements ; l'employé de fabrique et le mineur seront sans travail et mangeront rapidement les petites économies qu'ils auront apportées ; car ils ne peuvent s'improviser cultivateurs du jour au lendemain, il y a là toute une science qu'il faut posséder. Ils ne résisteront de plus, comme journaliers, qu'autant qu'ils appartiendront à un pays du Midi, et qu'ils jouiront d'une solide constitution, sans quoi ils seront rapidement à l'hôpital, surtout s'ils n'ont pas l'énergie de résister à la soif ardente qui pousse nos colons à faire abus des boissons fermentées.

Quittons Philippeville et suivons-les dans la direction de Constantine. Partout la contrée est riche et productive. Les Européens établis emploient des indigènes rompus au climat. Plus ils s'éloigneront vers l'intérieur, plus le travail sera pénible à découvrir. Les maisonnettes à toits rouges se succèdent dans cette campagne fertile. Saf-Saf, El-Arouch etc., et tous les villages situés près du chemin de fer ont été vite peuplés. De loin en loin, des constructions entourées de grands murs formant carré et percées de meurtrières rappellent la vie agitée des premiers colons, fortifiant leurs fermes pour s'y défendre contre les agressions répétées des Kabyles. C'est plus au sud que l'émigrant dont nous avons parlé doit aller chercher ses concessions gratuites. Quand il y parvient, après une ou deux journées de marche, en partant d'une des stations de cette ligne, il trouve de grands carrés, lui indiquant sur la terre nue le lot qui lui revient ; il lui faudra donc bâtir une maison et acquérir peu à peu tous les instruments de labour et de culture nécessaires à une installation rurale.

Il lui sera aussi nécessaire d'avoir les premières semailles ou l'argent pour les acheter. S'il n'a rien, il est dans l'obligation d'emprunter, et le taux de l'emprunt est élevé de 6 à 10 p. o/o en Algérie. Forcé d'hypothéquer sa concession, le dégoût le prend quelquefois, la maladie sévit sur sa famille, et les plus énergiques succombent. Au contraire, un agriculteur du Midi, un petit vigneron, dont les propriétés auront été dévastées par le phylloxéra mais qui dans les années précédentes a réalisé un capital de 20 à 25 000 fr. aura de grandes chances de réussite. Outre que son état précédent lui permettrait aisément d'être employé dans une exploitation rurale, il peut aborder la concession gratuite avec beaucoup d'avantages dans toute cette région. Les vignes viennent partout, dans toutes les directions ; on les voit à l'infini monter ou descendre les côteaux ; le plant d'un hectare varie de 1 000 à 1 500 fr., prenons une moyenne de 1 250 fr. pour une surface habituelle de 5 hectares plantés, la dépense sera de 6 250 fr. Pour la maison, les instruments de travail, les semailles dans les 15 hectares qui lui restent encore, sur la concession que nous supposerons de 20 hectares, il est nécessaire de compter au moins 6 000 fr. Voici déjà, seulement en installations, 12 250 fr. de déboursés, en admettant qu'en blé et en céréales il lui soit possible d'avoir de quoi compenser les dépenses courantes de sa nourriture et de son entretien, ainsi que celles de sa famille, pendant les quatre années qui suivent. On peut prendre comme prix moyen de rapport de l'hectare de vigne 800 fr. dès la deuxième année, déduction faite des risques causés par la grêle, d'autant plus fréquente qu'on se rapproche de la région montagneuse ; le sirocco, le simoun, qui, en quelques heures dessèche des vignes à la veille d'être vendangées, les sauterelles, l'oïdium. A la fin de cette quatrième année, il sera rentré dans la possession de 12 000 fr. par le fait seul de cette culture s'il est son propre vigneron ; le prix de la main-d'œuvre, modifiant considérablement ces chiffres pour lesquels nous avons adopté un minimum. Si l'hectare produit de 1 000 à 1 500 fr. comme cela a lieu fréquemment, dès la quatrième année, le colon a donc non seulement reconstitué, mais encore augmenté son capital, et s'il n'agrandit pas ses plantations, il a déjà par ces cinq hectares qu'il possède, un revenu variant de 4 000 à 9 000 fr.

En présence d'aussi beaux résultats, il n'y a rien de surprenant dans l'activité fébrile avec laquelle on a propagé en Algérie les plantations de vignobles, d'autant plus que la culture des céréales, pour une grande exploitation, est loin d'être aussi rémunératrice ; les Kabyles nécessaires pour les travaux des champs doivent être payés en moyenne 1 fr. 50 par jour; ce prix est supérieur à celui que donnent les Américains aux indigènes et les Anglais aux Indiens; la différence de transport est compensée largement par la différence du prix, d'autant plus que les vapeurs de marine marchande, suffisant plus que du double au trafic actuel, transportent la tonne de blé à Marseille dans des conditions de bon marché extraordinaires. Ce mouvement, par la force des choses, tendra toujours à s'accroître, et à moins d'un relèvement des droits sur les blés étrangers, la concurrence sera toujours redoutable pour l'Algérie.

En résumé, jusqu'ici l'émigrant qui arrive sans ressources n'a guère d'espoir que s'il peut se placer soit à la ville soit à la campagne, et les cultivateurs principalement ont les plus grandes chances de réussir. Ceux d'entre eux qui abordent une concession avec quelques avances de fonds, parviennent rapidement à de bons résultats : outre le blé, ils ont aussi le maïs, différentes céréales, les graines, les olives, les figues, les primeurs s'ils ne sont pas trop éloignés de la côte, l'alfa, etc. Au-dela d'une zone de 35 à 40 kilomètres, la culture de la vigne devient plus difficile à cause de l'altitude. Nous sommes dans la région des hauts plateaux, où les champs de blé s'étendent à l'infini avec une monotonie qui rappelle la Beauce. Le sol est creusé de profonds ravinements sinueux dûs aux torrents de la saison des pluies. Cela n'empêche pas les arabes de cultiver. Ils commencent par limiter un certain carré de terrain qu'ils jugent utile à leur consommation, puis, avec des charrues traînées par une maigre haridelle ou un bœuf étique attelé, en compagnie d'un petit âne, ils grattent la surface du sol, au moyen d'une charrue primitive, munie d'un couteau quelquefois en bois durci, *le culter* des anciennes charrues romaines. La semence pousse où elle peut, mais le terrain est si riche qu'elle pousse bien. Lorsque le temps des récoltes est venu, avec une faucille, ils détachent les épis, puis mettent tout leur bétail dans ce pré improvisé.

A mesure que l'on monte, on rencontre de grands espaces de terre incultes abandonnés par la négligence des indigènes aux arbustes sauvages. Quelques gourbis rompent un peu l'uniformité du paysage. Ils sont formés, en général, de taudis de deux mètres et demi de long sur trois mètres de large aux murs délabrés, bâtis de moellons et de terre jusqu'à hauteur d'homme, ayant pour toits des branchages desséchés. Au milieu de ces masures sordides, une ou deux tentes pour les chefs. Ces ruraux sont d'une malpropreté extraordinaire, et leurs campements sont gardés par une sorte de chien-loup hargneux qui semble partager la haine de son maître pour l'infidèle, le « roumi ».

Le Col des Oliviers est la station qui précède immédiatement le tunnel des Thoumyettes, traversant un des chaînons du *Djebel Absid El Aïcha*. Le long de la voie, de nombreux eucalyptus, l'arbre providentiel de l'Algérie, des plantations de maïs dont le feuillage vert est parsemé çà et là par les burnous blancs des Arabes. Au loin sur la route poudreuse, accourent des pâtres indigènes, montés sur de petits chevaux qu'ils excitent continuellement et conduisant, avec une habileté extraordinaire, des troupeaux de moutons. Doués d'une vue perçante, ils surveillent le chemin et les moindres bêtes qui s'écartent, avec une attention qui ne se dément pas un instant. A la station, des biskris promènent des pêches et des raisins, dont les dimensions évoquent les souvenirs légendaires de la terre promise.

En dehors de l'agriculture, le pionnier de notre civilisation ne peut rien faire par ici, l'arabe ne prend que peu de choses dans nos industries, et il s'approvisionne lui-même aux principaux centres. Lyon fabrique des soieries pour les indigènes ; Nîmes des burnous et des haiks ; Paris des babouches ; Rouen, mais surtout l'Angleterre, des indiennes pour gandourahs et vêtements. Si on y ajoute quelques verrotteries, des objets de cuisine, de la faïence, on a presque complété les emprunts à notre vie européenne. Par instinct, l'indigène répugne à nos goûts. Dans quelques tribus, le gouvernement français ayant donné aux chefs de petites maisonnettes qu'il avait fait construire dans le but de gagner leur amitié, ceux-ci continuèrent à loger dans leurs tentes et installèrent leurs chevaux dans ces nouvelles habitations. Le colonel Rostaing d'Orléansville m'a rapporté le fait suivant qui est caractéristique de la race. Le génie militaire avait établi dans une tribu une fontaine sur le modèle de celles qui existent dans toutes nos villes françaises, il n'y avait qu'à tourner un robinet pour avoir de l'eau, au bout de quelques jours, les arabes, désagréablement surpris par ce changement dans leurs habitudes, descellèrent la pierre sur laquelle était fixée la fontaine pour puiser l'eau à même comme autrefois. *El Kantour, Condé-Smendou,* deux petits villages de 400 habitants. A notre arrivée en Algérie, toutes les bourgades arabes avaient été baptisées de noms français plus ou moins glorieux, les indigènes maintinrent les anciennes dénominations, qu'on dut conserver à côté des nouvelles pour éviter les confusions; c'est encore une autre preuve de l'état des deux races qui demeureront toujours campées l'une en face de l'autre sans jamais se confondre. Je n'ai pas rencontré un seul colon établi depuis de longues années en Algérie qui croie à la possibilité d'attacher les arabes à notre mode d'administration. Les plus intelligents ont formé une association secrète, « le Souphisme », dont les réunions sont interdites par le gouvernement français. Les chefs (sortes d'ascètes religieux), très au courant de notre situation politique, commerciale et financière, connaissent admirablement notre pays. Quelques-uns l'ont parcouru et espionné, allant de ville en ville comme marchands ambulants de bonbons ou de spécialités arabes.

Dans tous les villages échelonnés le long de la voie et quelquefois aussi à une certaine distance, la maladie, le retour de certaines familles en France, creusent des vides qui seraient facilement comblés par un bureau de renseignements relevant de la préfecture de Constantine. Les tableaux seraient communiqués aux divers chefs-lieux des départements du Midi et faciliteraient ainsi les renseignements; de la sorte, on éviterait bien des démarches inutiles.

Nous voici arrivés à *Bizot,* à quelques kilomètres de Constantine; c'est là que se trouvent les meilleurs blés de la province, malheureusement la terre est trop sèche; sur les différents versants du Sahel et dans toute cette région, les épis ne produisent guère plus de 7 à 8 grains par an, ceci est encore une cause d'infériorité vis-à-vis des blés d'Amérique et des Indes. Avec plus d'eau, l'Algérie serait un immense jardin; la preuve en est dans le *Hamma,* la dernière station à laquelle nous nous arrêtons.

Plantes, légumes, fruits de toute sorte viennent avec abondance dans ce pays. Une source est la cause de toute cette richesse. Les Romains l'avaient bien compris, aussi avaient-ils multiplié les digues qui leur permettaient d'utiliser l'eau des pluies qui va se perdre dans la mer. Les Arabes détruisirent leur œuvre, ils laissèrent s'écrouler tous les ouvrages péniblement élevés. On voit encore, aux environs de Constantine, les restes d'un gigantesque aqueduc. Ces travaux importaient peu à ces peuples pasteurs, pour lesquels l'unique objet était le souci du présent. Ils incendiaient les forêts, ce qui procurait les années suivantes de bons pacages; il a fallu ces couches épaisses de terre végétale de 15 ou 20 mètres, pour que tout l'humus n'ait pas disparu des pentes. Aussi la grande préoccupation de ceux qui s'intéressent à la colonie est en ce moment le reboisement.

Nous arrivons à Constantine; au fond de la tranchée qui contourne le pied de la montagne sur laquelle la ville est bâtie, on n'aperçoit qu'un petit coin du ciel bleu; des aigles et des vautours aux ailes déployées planent dans l'espace, on les dirait immobiles. A la gare, une nuée de Kabyles s'abat sur nos bagages et nous entrons en ville par le pont d'Elkantara, le plus grand de l'Algérie, franchissant d'une seule arche le gigantesque fossé entourant la capitale de Jugurtha.

Aujourd'hui cette défense naturelle serait bien peu de chose; le fort Bellevue, élevé récemment, servirait contre les indigènes auxquels on a toujours songé jusqu'à présent plutôt que contre une armée d'invasion. Le jour, qui n'est peut-être pas éloigné, où l'Algérie rendra largement à la métropole l'intérêt de tout ce qui a été dépensé pour elle, il y aura une colonie enviable, un objet de convoitises pour tous les riverains présents ou futurs de la Méditerranée. A l'intérieur, les diverses puissances européennes peuvent fomenter une insurrection, tandis que le peu de défenses des côtes rendrait une descente possible. Sans doute notre puissant arsenal de Toulon est à 36 heures de la côte d'Afrique, mais la présence de nos flottes peut être indispensable ailleurs, surtout s'il se produit contre la France des coalitions de plusieurs Etats, comme on en a vu à la fin du siècle dernier. Il faudrait donc à l'Algérie une défense propre pour la mettre à même de résister ou d'attendre des secours. Si chaque port était pourvu d'un certain nombre de torpilleurs et de torpilles, la côte serait rendue inabordable. Cela enlèverait en même temps aux colons une grave préoccupation que légitime la présence, parmi eux, d'Italiens, d'Espagnols, d'Anglais et d'Allemands, dont, en temps de guerre, la connivence avec un ennemi de même nationalité qu'eux est possible.

A part quelques monuments ayant conservé le caractère arabe, le palais du général, la cathédrale (une ancienne mosquée), Constantine ne diffère guère de toute autre ville française que par la Casbah, le quartier indigène. Il a une originalité propre appelée à disparaître le jour où l'hygiène et la salubrité publiques auront substitué des rues spacieuses et aérées aux petits réduits dans lesquels est agglomérée une population logée encore par corporations de métiers.

Voici d'abord celle des bouchers, couchés sur des nattes au fond d'une petite loge carrée dont les murs sont soigneusement recrépis à la chaux à l'extérieur, et possédant à l'intérieur tout un pourtour en carreaux de faïence; ils fument dans une extase béate, prenant, de temps à autre, une gorgée de café dans une petite tasse qu'ils ont continuellement à leurs côtés. A la seule ouverture du réduit qui tient lieu de fenêtre et d'étal, sont suspendus différents morceaux de viande de mouton; à droite, à gauche, en face, c'est partout la même disposition. Une toile épaisse tendue d'un bout à l'autre de cette double rangée de maisonnettes carrées qui borde la chaussée, garantit les acheteurs contre les ardeurs du soleil. Il y a même des spécialistes qui n'ont que des têtes et des pieds de mouton. Cet amas de viandes saignantes produit, à la longue, un sentiment de dégoût auquel on a hâte d'échapper en passant dans le quartier voisin. Ce sont des cordonniers, piquant, coupant, rajustant les diverses pièces des babouches, chaussures solides et hygiéniques que l'épaisseur du cuir rend presque inusables. Un peu plus loin, de véritables artistes tissent et tressent en fils d'or des devises du Koran sur des coussins de cuir, des ceintures, des selles, des porte-monnaies qu'ils ornent aussi de fleurs des plus fantaisistes. Au milieu des reflets ardents du fer chauffé au rouge, les grands corps nus des forgerons frappant sans relâche sur l'enclume d'où partent des milliers d'étincelles font songer aux cyclopes des forges de Vulcain. Les ricanements que provoque notre passage nous montrent de belles rangées de dents dont la blancheur contraste avec le noir d'ébène des visages. Toute une ruelle est occupée par les bijoutiers; on y fait des bracelets pour les jambes et les bras, des colliers de sequins pour le front et le cou, surtout des broches et des boucles d'oreilles de dimensions monstrueuses, la plupart en métal blanc. Paris a organisé pour tous ces articles une concurrence considérable, de sorte que le voyageur est souvent exposé à rapporter comme souvenir de l'Algérie des objets qui sont fabriqués dans la banlieue de notre capitale. La concurrence sur place serait difficile, elle doit se faire par des intermédiaires, à cause de la défiance de l'Arabe à l'égard du « Roumi ». Le côté des petits marchands est des plus intéressants : la plupart sont des Mzabites, race à part, qui se recommande par ses grandes qualités d'ordre et d'économie; en voici, dont la boutique est pleine de beignets, frits à l'huile, de la plus belle apparence; celui-ci a toute une collection de piments rouges, jaunes, etc.; d'autres vendent des étagères à pipes, *badigeonnées* en couleur rouge, des bibelots arabes de terre cuite. Le café maure mérite une mention à part. Dans un local carré comme les précédents, mais un peu plus grand, de façon à contenir une dizaine de personnes, quelques indigènes sont étendus le long des murs sur des nattes, fumant et buvant du café. Le kawadji se tient au milieu d'eux, ayant à côté de lui un petit réchaud, une cafetière de métal dans laquelle il fait bouillir le café. Pour 10 centimes, il remplit une tasse microscopique d'une sorte de bouillie, dont il faut laisser déposer le marc, mais qui a néanmoins conservé un arôme très goûté des connaisseurs. Au moment du Rhamadan, ces cafés sont remplis de fidèles; on y assiste à des concerts dans lesquels le public accompagne les musiciens, tâchant d'associer ensemble les sons du tambourin et des cymbales. La secte, les Aïssaouas, était autrefois surtout représentée à chacune de ces fêtes par quelques adeptes se livrant à de véritables convulsions épileptiformes sous l'influence de cette musique énervante en hurlant le nom d'Allah. Théophile Gautier a assisté, en 1845, à un spectacle de ce genre, dont les quelques détails suivants vous donneront une idée :

« ..... Mon récit, dit l'auteur, ne contient aucune exagération : d'abord, parce que l'exagération n'est pas possible dans la peinture de ce monstrueux délire, qui laisse bien loin derrière lui les visions de Smarra et les caprices de Goya, le graveur des épouvantes nocturnes. Des crapauds, des scorpions, des serpents de différentes espèces furent tirés de petits sacs et dévorés vivants par les Aïssaouas, avec des marques d'indicible plaisir; ceux-ci léchaient des pelles ou des bêches rougies au feu; ceux-là mâchaient des charbons ardents; d'autres puisaient dans des terrines du couscoussou mélangé de verre pilé et de tessons, mordaient des feuilles de cactus dont les épines leur traversaient les joues. Un de ces fanatiques, âgé à peine d'une vingtaine d'années, s'avança jusqu'à l'endroit où nous étions assis, et, de l'air le plus tranquille du monde, tout en dodelinant sa tête alourdie par un hébètement de béatitude, se posa sous les aisselles quatre mèches souffrées tout en feu et les promena lentement le long de chacun de ses bras ; une forte odeur de chair grillée nous montait aux narines : lui souriant avec un sourire d'amoureuse langueur, marmottait à demi-voix le nom d'Allah ! »

Les bains maures sont une des curiosités de ce quartier arabe. La chaleur est produite par la vapeur d'une cuve de cuivre située au milieu de la pièce. L'air chaud et la fumée du foyer sont aspirés par deux tuyaux servant à échauffer les dalles. Lorsque la transpiration produite a été jugée convenable, après une immersion dans l'eau froide, des indigènes vigoureux massent de la façon la plus énergique, faisant craquer les articulations, frappant sans relâche le dos, le cou, la poitrine, les membres, et finissant souvent par exécuter une surabande sur les reins du patient ; ce piétinement assouplit les membres d'une façon merveilleuse, facilite l'action des muscles et produit un sentiment considérable de bien-être dû à la suractivité de la circulation. Aussi ces bains sont-ils très fréquentés par toute la population européenne.

Tel est le côté pittoresque de Constantine ; en dehors de cela, une ville française où un émigrant trouvera les mêmes ressources qu'en France, toutefois le bureau de renseignements fonctionnant de la façon dont nous avons parlé, aurait l'avantage de signaler de suite des places à ceux qui en cherchent en Algérie, aussi bien à la ville qu'à la campagne. Quant aux concessions gratuites, accordées par le Gouvernement, elles passent d'habitude, ainsi qu'il l'a été établi, aux mains des spéculateurs. L'Etat a fait énormément pour la colonisation ; mais, comme l'émigrant a d'ordinaire peu de ressources, la concession devrait comprendre une première installation : maison, étable, instruments de travail. Pendant un nombre d'années déterminé, le colon resterait fermier de l'immeuble, sauf à en devenir propriétaire au bout d'un temps fixé, si les conditions du bail étaient observées.

Les concessions de l'Etat ne seraient données qu'à des individus dont le genre d'occupations antérieures, se rattachant à l'agriculture, permettrait d'espérer une exploitation fructueuse. M. Théophile Roller propose[1] pour le colon, dans l'excellent article publié sur cette question, le droit d'emprunter immédiatement sur l'immeuble qui lui serait ainsi adjugé, à

[1] *Revue des Deux-Mondes*, 1er janvier 1886.

charge par l'Etat concessionnaire, en cas de déchéance de l'adjudicataire, de rembourser, si possible, le prêteur sur le prix de revente. Mieux vaudrait, il nous semble, pour décharger l'Etat de cette responsabilité, confier l'entreprise de colonisation à des compagnies s'engageant à remplir, d'après le cahier des charges, certaines conditions d'installation du colon auquel elles mettraient l'outil en main.

Le jour où ce problème de colonisation aura été définitivement résolu, notre établissement en Algérie fera des progrès rapides, et notre activité, notre travail, les qualités d'énergie de notre race nous auront fait recouvrer en partie ce que les malheurs de la guerre nous ont enlevé.

Rouen. — Imprimerie de E. Cagniard, rues Jeanne-Darc, 88, et des Basnage, 5.

QVI MANQVE
FONDS
LE
LE MOINS
CEST
EC